What is #moru doll?

#moru doll（モルドール）は
韓国うまれのマスコット。
ふわふわ極太モールで作ったぬいぐるみだから
モールドール → モルドールなんです。

頭が大きくて、手足がちっちゃくて
もふもふふんわりなモルドール。
やわらかい手ざわりとビジュの尊さでちまたを席巻中♡

モルドールの作り方は超カンタン♪
モールをねじって、形を整えて、パーツでデコるだけ。
くまやうさぎ、ねこ、いぬ、ラッコにゴリラなど、
かわいい今っぽアイテムがすぐ作れちゃいます。
キーホルダー金具も加えれば
バッグやスマホにぶら下げて一緒にお出かけも☆

モールやパーツの選び方でカスタマイズも無限大！
自分だけの「推しモルドール」で
毎日をかわいいで満たしましょ♡

CONTENTS

- 002 **What is #moru doll?**

- 004 うさぎ － ぺたんこ －
  - 難易度 ♡♡❤ ❶
- 005 くま 難易度 ♡♡❤ ❶
- 006 ひよこ 難易度 ♡♡❤ ❶
- 007 うさぎ － おすわり －
  - 難易度 ♡❤❤ ❷
- 008 ねこ － ぺたんこ －
  - 難易度 ♡♡❤ ❶
- 009 ねこ － りったい － 難易度 ♡♡❤ ❶

- 010 ユニコーン 難易度 ♡❤❤ ❷
- 011 ぞう 難易度 ♡♡❤ ❶
- 012 パンダ 難易度 ♡❤❤ ❷
- 013 いぬ 難易度 ♡♡❤ ❶
- 014 シマエナガ
  - 難易度 ♡♡❤ ❶❷
- 016 ラッコ 難易度 ♡❤❤ ❷
- 017 ひつじ 難易度 ♡❤❤ ❷
- 017 ゴリラ 難易度 ❤❤❤ ❸

- 上記の作品の「難易度」は❤が多いほど難しくなります。
- 上記の❶〜❸の数字は、1作品に使用するモールの本数です。

- 018 **TECHNICAL GUIDE**

  - LET'S MAKE #moru doll TYPE-A
    うさぎ － ぺたんこ － …… 020
  - LET'S MAKE #moru doll TYPE-B
    いぬ …… 026
  - LET'S MAKE #moru doll TYPE-C
    ねこ － りったい － …… 029
  - LET'S MAKE #moru doll TYPE-D
    うさぎ － おすわり － …… 032
  - LET'S MAKE #moru doll TYPE-E
    パンダ …… 035

- 039 **LET'S ENJOY! #moru doll!**
  - PART 1 モルドール・ブローチにチャレンジ！ …… 039
  - PART 2 推し活♡ トレカホルダー …… 042
  - PART 3 キーホルダーを作ろう …… 044
  - PART 4 顔パーツのつけかたバリエーション …… 046
  - PART 5 デコレーションを楽しもう！ …… 047

- 048 掲載作品の作り方

うさぎ -ぺたんこ-

HOW TO MAKE P.020

P.048

Rabbit

スコーン
食べいこ〜

長い耳がチャームポイントの
ホワホワ、マーブル、
クルリン、ピンキーの4人組。
みんなでるんるんおでかけ♪

Bear

くま

HOW TO MAKE　P.048

オーバーオールが
トレードマークのマーシュは
みんなのファッションリーダー。

リボン選ぶの
1時間
かかった

Chick

ひよこ

HOW TO MAKE　P.060

ひよこのピーとキューは
ラブラブカップル。
かわいいパンツでリンクコーデ♪

うさぎ -おすわり-
HOW TO MAKE P.032

好奇心旺盛なラムの耳が
ピンと立ってるときは
面白いことを見つけたとき。

Rabbit

一点集中……

ねこ -ぺたんこ-
HOW TO MAKE　P.050

スーとミーは人気インフルエンサー。
おいしいものを探しに街へおでかけ。
あ、あそこSNSで見たお店！

ねこ －りったい－
HOW TO MAKE P.029　P.050

どうやったら迫力出るの？
モコ、ラテ、マロンは
今日も集まって「シャー」の練習中……

unicorn

ユニコーン

HOW TO MAKE P.052

Happy配達人のルルとベル。
ふたりは毎日大忙しで
Happyをお届け中!

次はあの子のおうちだねー

ぞう
HOW TO MAKE P.054

ロイ、ポポロ、オレオの3人組は
大好きな推しのライブに
向かうところ。

Elephant

— 011 —

Panda

パンダ
HOW TO MAKE P.035

エリート実業家のボンボンは
今朝も英語を勉強しながら
オフィスへ通勤中☆

「ASAP、IDK、
LOL……??」

いぬ
HOW TO MAKE
P.026
P.054

Long-Tailed

シマエナガ

HOW TO MAKE　P.056

リボンでおめかしした4きょうだいも、
考えてることは
いつだってごはんのことです。

さっき食べたのに

Tit

— 015 —

Sea otter

すぐ眠く
なっちゃうの……

ラッコ

HOW TO MAKE P.058

おそろいのバッグをかけた
ラッコのトトとノノ。
ゆったり泳ぎながらリラックスタイム♡

Sheep & Gorilla

ひつじのムーとゴリラのナナは、
生まれも育ちもちがうけど
共通点があるんです♡

ひつじ
HOW TO MAKE　P.063

わたしたち
ピンクが
大好き！

ゴリラ
HOW TO MAKE　P.061

— 017 —

(TECHNICAL GUIDE)

材料
モルドールを作るときに使う材料を紹介します。

モール
モルドールのボディとなる材料。毛の種類は「ベーシックモール」「ミンクモール」「カーリーモール」の3つ。どれも長さは1mです。仕上げたい作品のイメージでモールを選んでみましょう

ベーシックモール
程よいもこもこ感の定番モール。

 作品例

ミンクモール
毛足が長めでふわふわ。ボリュームのある作品に。

 作品例

カーリーモール
くるくるとした毛並みが特徴。

 作品例

顔パーツ
モルドールの表情を作る顔パーツ。組み合わせを楽しんでみて。★組み合わせ例をP.46で紹介しています

さし目
定番タイプ。モールに差し込んで使います。

クリスタルアイ
濃い色のモールにおすすめ。色付きタイプで個性的に。

動眼
黒目部分が動く貼りつけタイプです。

さし鼻
定番タイプ。モールに差し込んで使います。

くちばし
ひよこを作るときに使います。

フェルト
パンダの目のまわりに使います。

デコパーツ
作品に華を添えるデコパーツ。コーディネートのアクセントに。★使用例をP.47で紹介しています

クリップ
花型や星型などさまざま。モールに挟んで使います。

リボン
ひとつあるだけでかわいらしさUP！

めがね・サングラス
サングラスは目元だけでなく、耳元に貼りつけてもキュート。

ボタン
作品のワンポイントとして手軽に使えます。

チャーム
ペンダントトップとして使うのがおすすめ。

ラインストーン
並べて貼るとより華やかに。首元につければネックレス風にも。

服・バッグ
ボディが完成したらぜひ服やバッグでコーディネートを。セーターやパンツ、肩かけバッグなど種類もさまざま。

こちらの材料・用具はすべてオンラインサイト「手芸材料の専門店 つくる楽しみ」にて購入できます

キーホルダーパーツ

完成したモルドールを持ち歩くときに使うパーツです。バッグやポーチなどに。★ 使い方をP.44で紹介しています

ナスカン
ワンタッチ開閉式のシンプルなパーツ。

ワイヤーリング
硬めのワイヤーでできた円形状のパーツ。

ボールチェーン
小さな金属製の玉が連なったチェーンパーツ。

チャームナスカン
使い方はナスカンと同じ。開口部がハートなどの形になっています。

バッグチャーム用チェーン
長めのチェーンつきで、バッグの持ち手などにつけるのにぴったり。

カラビナ
開口部がついた金属リング。モールを直接通して使います。

用具

制作時にあると便利な用具を紹介します。

接着剤
さし目やさし鼻、デコパーツを貼りつけるのに使います。ノズルが細いものがおすすめ。

目打ち
さし目やさし鼻をつけるときにモールに差し込んで使います。

ピンセット
小さなパーツをつけるときなどに使います。

はさみ
モールの毛を短くしたり、フェルトを切るときなどに使います。

ニッパー（喰切）
モールのワイヤーを切るときに使います。

定規
モールの長さを測るときなどに使います。

作品について

この本の掲載作品は大きく5つのタイプに分かれています。
それぞれから1作品を取り上げて写真プロセスで解説しています。
タイプが同じ作品は作り方も似ていますので、
制作時の参考にしてください。

TYPE-A
モール1～2本で、シンプルに仕上げるタイプ
うさぎ-ぺたんこ-★／
くま／ひよこ／ぞう／
シマエナガ／ねこ-ぺたんこ-

TYPE-B
モール1～3本で、立体的に仕上げるタイプ
いぬ★／ユニコーン／
ひつじ／ゴリラ

TYPE-C
モール1本で、しっぽを長く残すタイプ
ねこ-りったい-★

TYPE-D
モール2本で、座らせて仕上げるタイプ（耳長め）
うさぎ-おすわり-★

TYPE-E
モール2本で仕上げるタイプ（耳短め）
パンダ★／ラッコ

★ …… 写真プロセスで解説

LET'S MAKE #moru doll TYPE-A

動画でCHECK

うさぎ －ぺたんこ－

This ONE!

FRONT　BACK

材料

ミンクモール（ホワイト）…… 1本
さし目（4.5mm・黒）…… 2個
さし鼻（4.5mm・黒）…… 1個
パンツ（ギンガムチェック・水色）
　　…… 1枚
サングラス（黒×赤）…… 1個
クリップ（花型・水色）…… 1個
バッグ（ピンク）…… 1個

用具

- 接着剤　● 目打ち
- ピンセット　● 定規

作り方

耳を作る → 手を作る →
足を作る → 顔を作る →
仕上げ

モール型見本

※ おおよその目安です。
モール内のワイヤーが
このラインに沿うよう
曲げていきます。

※ グレー線：左半身、
　黒線：右半身

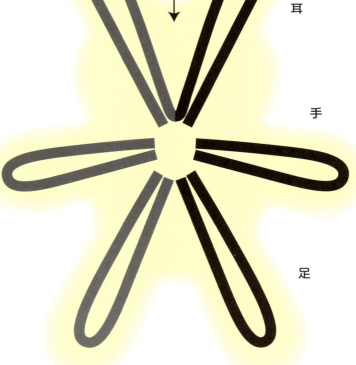

モール中心
スタート

耳

手

足

— 020 —

> 耳を作る

1
モールを半分に折ります。

2
2本のモールを中心から下に6cmのところで折ります。左右に広げてM字型にします。これが耳になります。

3
2で曲げた耳の根元部分を、それぞれ1周ねじって固定します。

POINT
中心から、人差し指、中指、薬指、小指を揃えて挟んで折ると大体6cm。定規を使ってももちろんOK。

POINT
ねじるときは左右どちらに回してもOK。左手で根元をしっかりつかんで、右手でねじります。

4
3でねじった部分のすぐ下で、さらにモールを1周ねじります。耳のできあがり。

— 021 —

手を作る

5 2本のモールを左右の方向にそれぞれ5cmずつ折ります。これが手になります。

6 耳のときと同様に、手の根元部分を、それぞれ1周ねじって固定します。

7 6でねじったすぐ下で、さらにモールを1周ねじります。手のできあがり。

足を作る

8 右側のモールを右斜め下に5cmのところで折ります。

9 同様に左側のモールを左斜め下に5cmのところで折ります。これが足になります。

10 耳・手のときと同様に、足の根元部分を、それぞれ1周ねじって固定します。足のできあがり。

顔を作る

11 横
残ったモールをそれぞれ後ろに回します。

12 表側
2本のモールを耳の間から出します。

13
クロスさせながら左右に分けます。

14 左のモール　右のモール
顔周りにぐるぐると巻きつけて顔のベースを作ります。

POINT
顔部分に、モールが横に2本渡るように巻けるとベストです。

POINT 裏側
モールの端は後頭部側に来るよう、巻く強さや巻く回数で調整しますが、どうしても前に来てしまう場合はそちらを後頭部側として使います。

15
巻きつけた部分がふっくらするように整えます。これでモールの成形は完了です。

— 023 —

> 仕上げ

顔パーツ（さし目、さし鼻）をつけます。まず鼻をつけたい部分に目打ちを打って穴を開けます。

\ POINT /

鼻は、顔の中央あたりにつけるのがgood。上下のモールの間に目打ちを打つと、ワイヤーに当たらずつけやすくなります。

さし鼻を穴に差し込み、バランスを見ます。

目をつけたい部分に目打ちを打って穴を2か所開けます。

さし目を穴に差し込み、バランスを見ます。

さし鼻をピンセットで挟み、足の部分に接着剤を塗ります。

21

16で開けた穴にさし鼻を差し込み、固定します。同様にさし目もつけます。

\ POINT /

目の位置は顔の印象を左右する重要ポイント。横並びや求心顔など、まずは接着剤をつける前に差し込んでお試しを。好みの顔を見つけてみて！

22

お好みでパンツを穿かせたり、接着剤でサングラスをつけたり、クリップをつけたり、バッグをかけたりしてコーディネートします。

FINISH!

できあがり！

LET'S MAKE #moru doll TYPE-B

いぬ

This ONE!

FRONT BACK

動画でCHECK

材料
- カーリーモール(ベージュ)
  …… 1本
- さし目(4.5mm・黒) …… 2個
- さし鼻(9mm・黒) …… 1個
- サングラス(黒×紫) …… 1個

用具
- 接着剤
- 目打ち
- ピンセット
- 定規

作り方
耳を作る → 顔を作る → 前足を作る → 後ろ足を作る → 体としっぽを作る → 仕上げ

モール型見本

※ おおよその目安です。モール内のワイヤーがこのラインに沿うよう曲げていきます。

※ グレー線：左半身、黒線：右半身

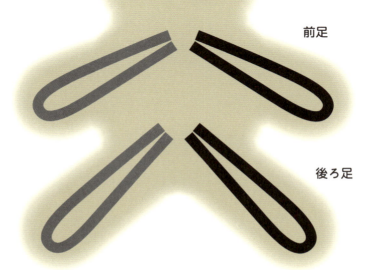

モール中心スタート

耳

前足

後ろ足

— 026 —

> 耳を作る

P.21の「うさぎ-ぺたんこ-」の工程**1**～**4**を参照して耳を作ります。工程**2**の耳の長さは3cmで折ります。

> 顔を作る

耳の根元部分を親指で押さえます。

親指に巻きつけるように、2本のモールを耳の間を通しながら前から後ろに回します。これが顔になります。

親指を抜き、顔のすぐ下でモールを半周ねじります。

3でできた輪に、モールを差し込みます。

両側から入れ、モールを引き締めます。

形を整え、左右のモールを下ろし、顔の下でモールを1周ねじって固定します。顔のできあがり。

\ POINT /

モール1本で作る立体の動物はモールの長さが足りなくなりがち。引き締めながら節約して作っていくとgood!

前足を作る

8
P.22の「うさぎ-ぺたんこ-」の工程 5～7 を参照して前足を作ります。前足の長さは4cmで折ります。

後ろ足を作る

9
2本のモールを後ろに向かって右下と左下に5cmずつ折り後ろ足を作ります。

10 裏側
残ったモールは背中側で交差させます。足の根元部分を、それぞれ1周ねじって固定します。

体としっぽを作る

11 表側
モールを肩上からおなか側に回します。

12
2本のモールを、足の間から再び背中側に回します。

13 裏側
本体を裏返し、残った2本のモールを1周ねじってしっぽを作ります。

14
足を4本とも下に曲げ、顔を起こします。

仕上げ

15
全体のバランスを整えます。これでモールの成形は完了です。

16
P.24～25の「うさぎ-ぺたんこ-」の工程 16～21 を参照して顔パーツをつけ、頭に接着剤でサングラスをつけます。

FINISH! できあがり！

— 028 —

LET'S MAKE #moru doll TYPE-C

動画でCHECK

> ねこ －りったい－

This ONE!

材料
- ミンクモール（マルチベージュ） …… 1本
- クリスタルアイ（9mm・クリア） …… 2個
- さし鼻（4.5mm・ライトピンク） …… 1個
- チャーム（リボン型・ゴールド） …… 1個
- アクセサリーワイヤー（細・ゴールド） …… 10cm

用具
- 接着剤
- 目打ち
- ピンセット
- 定規

作り方
顔を作る → 耳を作る → 足と体としっぽを作る → 仕上げ

FRONT / BACK

モール型見本

※ おおよその目安です。モール内のワイヤーがこのラインに沿うよう曲げていきます。

※ グレー線：左半身、黒線：右半身

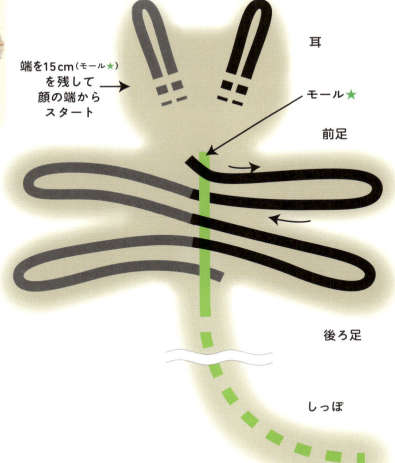

端を15cm（モール★）を残して顔の端からスタート

耳
モール★
前足
後ろ足
しっぽ

— 029 —

顔を作る

1. 左手の人差し指と中指を揃え、モールの端を15cm残して指を垂直に下から入れます（♥）。残した部分はしっぽになります（★）。

2. 2本の指に♥のモールを2周巻きつけます。

3. 指を抜き、モールを裏返します。

耳を作る

4. 輪の部分を持ち、左に90°曲げます。この輪の部分が顔になります。♥のモールは上へ向けておきます。

5. ♥のモールを上から輪の中に通します。

6. モールを引っぱりながら、輪から2cmの長さになるよう調整し、三角形に整えます。これが左耳になります。

7. 6の♥のモールを右上から輪の中に通します。

8. 左耳と同様に右耳を作ります。

9. 顔の、下側のモールを少し引き出し、顔に立体感を出します。

足と体としっぽを作る

10
♥のモールで足を作っていきます。足は4本とも5cmの長さにします。モールを右側に折り、★のモールの上に置きます。

\ POINT /
♥のモールで4本の足を作ります。足りなくならないよう「ちょっと引き締め気味に、コンパクトに」を意識して！

11
モールを左側に折り、★のモールの下に置きます。前足ができました。

12
後ろ足も同様に左右に折ります。その際、右足は★のモールの上に、左足は下になるようにします。

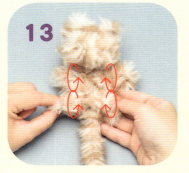

13
♥のモールが余ったら★のモールの体の部分に巻きつけて処理します。足の根元部分を、4本とも1周ねじります。

14
足を4本とも前方に曲げます。

15
顔を起こしてしっぽを立たせます。

仕上げ

16
全体のバランスを整えます。これでモールの成形は完了です。

17
P.24～25の「うさぎ-ぺたんこ-」の工程16～21を参照して顔パーツをつけます。

18
チャームをアクセサリーワイヤーに通し、首に結びつけます。

FINISH!
できあがり！

LET'S MAKE #moru doll TYPE-D

うさぎ —おすわり—

This ONE! / FRONT

BACK / SIDE

材料
ミンクモール（ホワイト・ピンク）
　…… 各1本
さし目（6mm・黒）…… 2個
さし鼻（9mm・ピンク）…… 1個
ボタン（ハート型・パープル）…… 1個
ラインストーン（4mm・ホワイトオパール）
　…… 8個
クリップ（ハート型・フラワー型）
　…… 各1個

用具
- 接着剤
- 目打ち
- ピンセット
- 定規

作り方
耳を作る → 顔を作る → 手足を作る → 体を作る → 仕上げ ★ ピンクのモール（A）で耳、顔（上部）、手、足を、ホワイトのモール（B）で顔（下部）と体を作ります

動画でCHECK

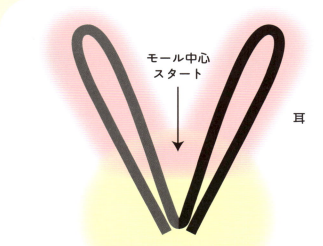

モール中心スタート

耳

モール型見本

※ おおよその目安です。モール内のワイヤーがこのラインに沿うよう曲げていきます。

※ グレー線：左半身、黒線：右半身

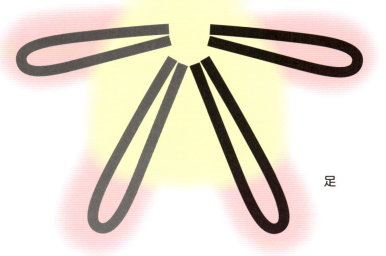

手

足

耳を作る

1 P.21の「うさぎ-ぺたんこ-」の工程1〜4を参照して、Aのモールで耳を作ります。

顔を作る

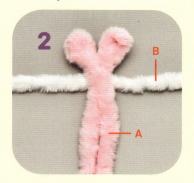

2 Bのモールを横に置き、中央にAのモールをのせます。

3 左手の人差し指と中指を揃え、Aのモールの上に置き、Bのモールを左右から巻きます。

4 裏側で1周ねじって固定します。Bのモールは左右に伸ばしておきます。

5 表に返し、Aのモールの両端を裏側で下から上に回します。

6 2本揃えて耳の間から前に回し、Bの輪の中に通します。

7 引き締めすぎず、指1本が入るくらいの余裕をもたせます。

8 Bの輪の下で、Aのモールを1周ねじります。

手足を作る

9 P.22の「うさぎ-ぺたんこ-」の工程5〜10を参照してAのモールで手足を作ります。手の長さは4cm、足の長さは5cmで折ります。残ったモールは体に巻きつけます。

> 体を作る

裏返し、Bのモールをクロスさせながら斜めに下ろします。

表に返し、左右の手の下から前に通してクロスさせ、後ろに回します。

手の下から体に2周巻きつけます。

裏返し、2本のモールの端でしっぽを作ります。ねじって丸く形作ります。

> 仕上げ

全体のバランスを整えます。これでモールの成形は完了です。

P.24〜25の「うさぎ-ぺたんこ-」の工程16〜21を参照して顔パーツをつけます。ラインストーンとボタンを接着剤でつけます。耳にクリップをつけます。

できあがり！

FINISH!

LET'S MAKE #moru doll TYPE-E

パンダ

This ONE!

動画でCHECK

材料
- ミンクモール（ホワイト）…… 1本
- ベーシックモール（ブラック）…… 1本
- クリスタルアイ（6mm・クリア）…… 2個
- さし鼻（9mm・黒）…… 1個
- めがね（赤）…… 1個
- サテンリボン（3mm幅・赤）…… 15cm
- フェルト（黒・6cm×6cm）…… 1枚

用具
- 接着剤
- 目打ち
- ピンセット
- 定規
- はさみ

作り方
耳と顔を作る → 手足を作る → 体を作る → 仕上げ ★ ブラックのモール（A）で耳、手、足を、ホワイトのモール（B）で顔と体を作ります

FRONT
BACK

モール型見本
※ おおよその目安です。モール内のワイヤーがこのラインに沿うよう曲げていきます。

※ グレー線：左半身、黒線：右半身

モール中心スタート

耳

目のまわり（フェルト）×2枚切る

目をさす用の切り込みを入れる

手

足

耳と顔を作る

1 Aのモールを半分に折り、中心から下に2cmのところで1周ねじって固定します。

2 1で作った輪にAのモールの両端を差し込みます。

3 モールを引っぱり、輪から3cmの長さになるよう調整します。

4 根元部分をそれぞれ1周ねじって固定します。耳のできあがり。

5 Bのモールを、1で作ったAのモールの輪の中に1cmほど差し込みます。

6 Bのモールの長い方を耳の間に通して後ろに回し、2本のAのモールの間から出します。

7 6で巻いたBのモールの左右に並べるように、Bのモールを縦に2周巻きつけます。

8 Bのモールを、顔の上を通って左から右に渡します。そのままぐるっと2周巻きつけます（写真は1周させたところ）。

裏返し、**B**のモールの先端を、横に渡ったモールの中に垂直に差し込みます。そのまま引っ張ります。

表に返します。顔のできあがり。

手足を作る

Bのモールの下で、**A**のモールをクロスさせます。

Aのモールを前に回し、顔の下で1周ねじります。

\ POINT /
Bのモールは足りなくなりがちなので、節約しながら作ってみて！

P.22の「うさぎ-ぺたんこ-」の工程 **5** 〜 **10** を参照して**A**のモールで手足を作ります。手は4cm、足は5cmの長さで折ります。

残ったモールは手の下に巻きつけて処理します。

— 037 —

> 体を作る

15 Bのモールを、手の下を通して体に2周巻きつけます。

16 15で巻きつけたモールの、下側のモールに残りのBのモールを上から通します。

17 裏返します。

18 Bのモールを足の間から裏側へ通し、下側のモールにBのモールを下から通します。

19 残ったモールでしっぽを作ります。ねじって丸く形作ります。

> 仕上げ

できあがり！

FINISH!

20 全体のバランスを整えます。これでモールの成形は完了です。

21 フェルトで目のまわりを作ります。(実物大の型紙は**P.35**)

22 P.24～25の「うさぎ-ぺたんこ-」の工程16～21を参照して顔パーツをつけます。さし目はフェルトの切り込みにさし、さし目の足とフェルトの裏に接着剤をつけて顔に貼ります。サテンリボンを首に巻いて結び、めがねをかけます。

(LET'S ENJOY！#moru doll！)

PART 1 モルドール・ブローチにチャレンジ！

モルドールで作るブローチはふわふわ やわらかでとってもかわいい♡ 小さいからすぐ完成するのもうれしいところ。 色ちがいやモールちがいで たくさん作ってみても♪

いぬ、くま、うさぎの 「顔だけブローチ」。 装飾パーツでかわいらしさをプラス♡

シャツやジャケットの胸元につけたり、 バッグやポーチにつけたりと 使い方いろいろ。

シンプルなハートと星のブローチ。 色ちがいでみんなで おそろいにしてもかわいい♪

HOW TO MAKE P.057

次のページで「くまのブローチ」の作り方を写真でプロセス解説します

— 039 —

LET'S MAKE #moru doll BROACH

くまのブローチ

材料
ベーシックモール（ブラウン）
　……1本
クリスタルアイ（9mm・クリア）
　……2個
さし鼻（9mm・黒）……1個
リボン（ファンシーチェック・白×黒）
　……1個
ブローチピン（30mm）……1個

用具
- 接着剤
- 目打ち
- ピンセット
- 定規

作り方
耳を作る → 顔を作る → 仕上げ

FRONT　　BACK

モール型見本

※ おおよその目安です。モール内のワイヤーがこのラインに沿うよう曲げていきます。

※ グレー線：左半身、
　黒線：右半身

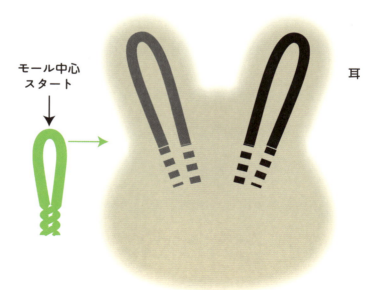

モール中心スタート

耳

— 040 —

耳を作る

1

P.36の「パンダ」の工程1〜4を参照して耳を作ります。中心から5cmのところで1周ねじって固定し、耳は5〜6cmの長さになるよう調整します。

顔を作る

2

モールの両端を耳の間から前に回し、1で作った輪の中に通して軽く引き出します。引き締めすぎず指1本分すき間を作ります。

3

右のモールを耳の間を通して右後ろへ回します。

4

左のモールも同様に左後ろへ回します。

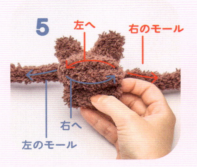

5

左右のモールを、顔前を通し1周ずつ巻きつけます。

6

さらに1周ずつ巻きつけ、2で指1本分空けたすき間に左のモールは左から、右のモールは右から通します。残りはそのままぐるっと巻きつけて処理します。

仕上げ

7

全体のバランスを整えます。これでモールの成形は完了です。

8

P.24〜25の「うさぎ-ぺたんこ-」の工程16〜21を参照して顔パーツをつけます。リボンを接着剤でつけます。

9

裏返し、ブローチピンを接着剤でつけます。

できあがり！

FINISH!

PART 2 推し活♡トレカホルダー

モルドールとトレカホルダーは
最強の組み合わせ!
モルドールでかわいく華やかに
デコったトレカケースで
多幸感上げていきましょ♪

LET'S MAKE #moru doll TRECA HOLDER

トレカホルダー

This ONE!

材料

- ミンクモール(ブルー) …… 1本
- さし目(9mm・黒) …… 2個
- さし鼻(4.5mm・黒) …… 1個
- ボタン(ハート型、星型などお好み)
  …… 10個
- ラインストーン(3mm・クリスタル)
  …… 10個
- サングラス(黒×紫) …… 1個
- トレカケース(B8サイズ・透明) …… 1枚

用具

- 接着剤
- 目打ち
- ピンセット
- 定規
- はさみ

作り方 ★ブルーのトレカホルダー

耳と顔を作る → トレカケースにモールを貼る → 仕上げ

耳と顔を作る

1 P.27の「いぬ」の工程1〜6を参照して耳と顔を作ります。

トレカケースにモールを貼る

2 トレカケースの四辺に接着剤をつけ、1の頭部分を上部に配置して、左側のモールを反時計回りに貼っていきます。

3 裏返し、裏側も同様にトレカケースに接着剤をつけて残りのモールを貼っていきます。

POINT
このとき、トレカケースの入れ口をモールでふさがないように注意して貼ります。

仕上げ

4 はさみで、耳と顔の周りのモールの毛並みを短めに切りそろえます。

5 P.24〜25の「うさぎ-ぺたんこ-」の工程16〜21を参照して顔パーツをつけます。ボタンとラインストーン、サングラスを接着剤でつけます。

FINISH! できあがり!

PART 3 キーホルダーを作ろう

かわいいモルドールが完成したら
専用の金具でキーホルダーや
チャームにアレンジ！いつでも身につけられる
アイテムに変身させましょう♪

アレンジ例

ナスカン / ワイヤーリング / ポールチェーン / カラビナ / バッグチャーム用チェーン / チャームナスカン

モルドールの制作中に装着するタイプ

ナスカン

ツメを押すだけで簡単に開閉できるのがうれしいナスカン。色展開も豊富でワンポイントになります。

耳につけたい場合は、耳を作るときにモールの先端からナスカンの輪に通して装着します。

頭頂部につけたい場合は、顔を作るときにモールの先端からナスカンの輪に通して装着します（モールは1本のみ通します）。

— 044 —

モルドール完成後に装着するタイプ

ボールチェーン

小さな玉が連なったようなボールチェーン。
開閉も簡単です。

連結金具を指先で挟み、力を入れると片方がはずれます。
先端をモールの輪に押し込むようにして通します。

チャームナスカン

開閉部がハート型や星型のおしゃれなナスカン。
丸カン使用でしっかり装着できます。

チャームナスカンに付属している丸カンを、開口部を上にしてペンチ2本で挟みます。カンの輪を前後にずらすように開き、カンにモールを通します。カンの輪を再びずらして元に戻します。

ワイヤーリング

丸い形がかわいいワイヤーリング。
ネジを開閉して取りつけます。

ネジを回してワイヤーリングを伸ばし、先端からモールの輪に通します。

バッグチャーム用チェーン

チェーンが長いので、モルドールを
バッグチャームにしたいときに最適♡

カニカンから丸カンをはずし、先端をモールの輪に押し込むようにしてチェーンを通します。

カラビナ

作品のアクセントにぴったり！
キュートな形が目を引くカラビナ金具。

開口部を押してカラビナを開き、先端からモールの輪に通します。

PART 4 顔パーツのつけかたバリエーション

形も色もさまざまな種類がある顔パーツ。目や鼻、ときにはくちばしも使ってかわいい表情を生み出しましょう♡

基本

ミンクモール（マルチブルー）

P.48の作り方で「くま」を作ったよ。どんな顔にしようかな？

さし目（4mm・黒）、さし鼻（4.5mm・黒）

一般的なパーツをチョイス。目と鼻をぎゅっと近づけて横並びにした求心顔は人気のトレンドフェイス！

鼻はそのまま、目を動眼（6mm）に変更

キョロキョロ黒目が動く動眼は、見ていて飽きないかわいらしさ♡

「くちばし」パーツを使えばひよこもカンタン

目をクリスタルアイ（6mm・ブルー）に、鼻をさし鼻（9mm・ピンク）に変更

鼻の上に目を並べてきゅっと一か所に。ブルーの瞳がおしゃれなハンサム顔に！

目をクリスタルアイ（9mm・クリア）に、鼻をさし鼻（4.5mm・ライトピンク）に変更

くりっとした目のクリスタルアイを鼻から少し離して配置。ちょっぴりすましたキュート顔に☆

基本

ミンクモール（ペールピンク）、
クリスタルアイ（6mm・クリア）、
さし鼻（9mm・ブラック）

P.20〜23を見ながら作った「うさぎ-ぺたんこ-」に目と鼻をつけて。まずはシンプルなハートの白ニットを♡

服をパンツ（ギンガムチェック）に変更

モルドールといえばこのパンツスタイル。パンツを胸までぎゅっと上げて。

PART 5
デコレーションを楽しもう！

ニットやパンツなどの服にリボンなどの装飾パーツを組み合わせれば、デコパターンは無限大☆ 自分だけのモルドール作りにチャレンジ！

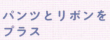

パンツとリボンをプラス

どこまでもオンリーワンなモルドールを目指すなら服もパーツも「デコマシマシ」で!! 大満足の仕上がりを目指しましょ。

★ ニットや肩かけバッグは足から着脱させます

めがねとクリップをプラス

顔まわりの装飾パーツが増えるとぐっと華やかに変身！ 金ブチめがねで今っぽく。

服をニット（ピンク）に変更、バッグをプラス

アラン模様のニットと肩かけバッグでおしゃれなお出かけコーデに♪

— 047 —

うさぎ -ぺたんこ-   [薄ピンク] [オレンジ] [ピンク]   P.004

材料

[薄ピンク]
ミンクモール(ユニコーン1)
　……1本
クリスタルアイ(6mm/クリア)
　……2個
さし鼻(9mm/ピンク)
　……1個
セーター(いちご柄/白)
　……1個
クリップ(花型・水色・オレンジ・黄色・ピンク)……合計4個

[オレンジ]
ベーシックモール
　(マルチオレンジ)……1本
動眼(6mm/黒)……2個
さし鼻(4.5mm/ブラウン)
　……1個
セーター(ハート柄/ネイビー)
　……1個
クリップ(ハート型/オレンジ)
　……2個

[ピンク]
ミンクモール(マルチピンク)
　……1本
さし目(4.5mm/黒)……2個
さし鼻(4.5mm/黒)……1個
ラインストーン
　(5mm/クリスタルAB)……4個
　(4mm/ライトローズ)……4個
リボン(サテンタイト/黒)
　……4個

用具 (共通)
● 接着剤　● 目打ち
● ピンセット　● 定規

作り方 (共通)
P.20～25の写真の作り方解説と同様に作る。※パーツは写真を参考にデコレーションする。

くま   P.005

材料
カーリーモール(ベージュ)……1本
さし目(4.5mm/黒)……2個
さし鼻(9mm/ブラウン)……1個
オーバーオール……1個
リボン(サテンタイト/ピンク)……1個
バッグ(ホワイト)……1個

用具
● 接着剤　● 目打ち
● ピンセット　● 定規

作り方
耳を作る→手を作る→足を作る→顔を作る→仕上げ
※パーツは写真を参考にデコレーションする。

1

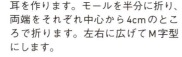

耳を作ります。モールを半分に折り、両端をそれぞれ中心から4cmのところで折ります。左右に広げてM字型にします。

2

1で曲げた耳の根元部分を、それぞれ1周ねじって固定します。

3

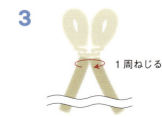

2でねじった部分のすぐ下で、さらにモールを1周ねじります。耳のできあがり。

4

手を作ります。2本のモールを左右の方向にそれぞれ4cmずつ折り、耳のときと同様に、手の根元部分を、それぞれ1周ねじって固定します。

5

4でねじった部分のすぐ下で、さらにモールを1周ねじります。手のできあがり。

6

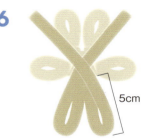

足を作ります。左右のモールをそれぞれ5cm折ります。残りのモールは胸で交差させます。

— 048 —

7

1周ねじる　　1周ねじる

耳・手と同様に、足の根元部分を、それぞれ1周ねじって固定します。足のできあがり。

8

耳の間から前へ出す

顔を作ります。残ったモールを手と耳の間から後ろに回し、2本のモールを耳の間から出します。

9

交差させながら左右に分けます。

10

モール型見本

※モールの端は後頭部側にくるように調整しますが、どうしても前にきてしまう場合はそちらを後頭部側として使います。

耳の根元にぐるぐると巻きつけて顔のベースを作ります。

※おおよその目安です。モール内のワイヤーがこのラインに沿うように曲げていきます。
※グレー線：左半身、黒線：右半身

11

顔をふっくらさせる

巻きつけた部分がふっくらするように立体的に整えます。モールの成形は完了です。

12

仕上げます。パーツを仮置きして、つけ位置を決めます。
パーツをつけたい部分に目打ちで穴を開け、顔パーツ（さし目、さし鼻）に接着剤をつけて差し込みます。
オーバーオールをはかせ、バッグをかけて、耳に接着剤でリボンをつけます。

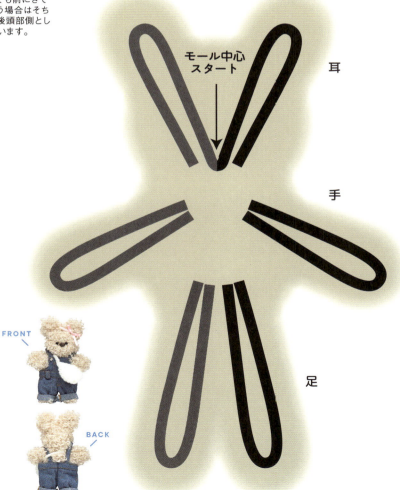

ねこ -りったい- [ホワイト][ブラック] P.009

材料

[ホワイト]
- ミンクモール(ホワイト) …… 1本
- クリスタルアイ(9mm/ゴールド) …… 2個
- さし鼻(4.5mm/ライトピンク) …… 1個
- チャーム(クロス型/ゴールド) …… 1個
- アクセサリーワイヤー(細/ゴールド)
  …… 10cm

[ブラック]
- ミンクモール(ブラック) …… 1本
- クリスタルアイ(9mm/ゴールド) …… 2個
- さし鼻(4.5mm/ライトピンク) …… 1個
- チャーム(月型/ゴールド) …… 1個
- アクセサリーワイヤー(細/ゴールド)
  …… 10cm

用具 (共通)
- 接着剤 ● 目打ち
- ピンセット ● 定規

作り方 (共通)
P.29〜31の写真の作り方解説と同様に作る。※パーツは写真を参考にデコレーションする。

ねこ -ぺたんこ- [ベージュ][グレー] P.008

材料

[ベージュ]
- ミンクモール(マルチベージュ) …… 1本
- さし目(4.5mm/黒) …… 2個
- さし鼻(4.5mm/ブラック) …… 1個
- めがね(ブラウン) …… 1個
- バッグ(ホワイト) …… 1個
- リボン(サテンタイト/赤) …… 1個

[グレー]
- ベーシックモール(グレー) …… 1本
- クリスタルアイ(9mm/クリア) …… 2個
- さし鼻(9mm/ブラウン) …… 1個
- ボタン(グリーン・ブラウン) …… 1個
- リボン(リプルクロス/白) …… 1個
- テグス(2号/クリア) …… 18cm

用具 (共通)
- 接着剤 ● 目打ち ● はさみ
- ピンセット ● 定規

作り方 (共通)
耳を作る→手を作る→足を作る→顔を作る→仕上げ

1

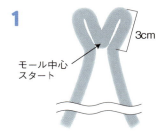

耳を作ります。モールを半分に折り、両端をそれぞれ中心から3cmのところで折ります。左右に広げてM字型にします。

2

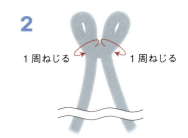

1で曲げた耳の根元部分を、それぞれ1周ねじって固定します。

3

3でねじった部分のすぐ下で、さらにモールを1周ねじります。耳のできあがり。

4

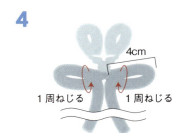

手を作ります。2本のモールを左右の方向にそれぞれ4cmずつ折り、耳のときと同様に、手の根元部分を、それぞれ1周ねじって固定します。

5

4でねじったすぐ下で、さらにモールを1周ねじります。手のできあがり。

6

足を作ります。左右のモールをそれぞれ4cm折ります。残りのモールは胸で交差させます。

7

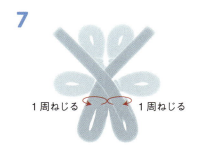

耳・手と同様に、足の根元部分を、それぞれ1周ねじって固定します。足のできあがり。

8

顔を作ります。残ったモールを手と耳の間から後ろに回し、2本のモールを耳の間から出します。

9

交差させながら左右に分けます。

10

※モールの端は後頭部側にくるように調整しますが、どうしても前にきてしまう場合はそちらを後頭部側として使います。

耳の根元にぐるぐると巻きつけて顔のベースを作ります。

11

巻きつけた部分がふっくらするように立体的に整えます。耳の形を三角になるようはさみで切って整えます。モールの成形は完了です。

12

仕上げます。パーツを仮置きして、つけ位置を決めます。パーツをつけたい部分に目打ちで穴を開け、顔パーツ（さし目・クリスタルアイ、さし鼻）に接着剤をつけて差し込みます。テグスを3cm×6本に切り、先端に接着剤をつけ、3本ずつ左右のほほに差し込みます。接着剤でリボン、ボタンなどをつけ、めがねやバッグをつけます。

モール型見本

※おおよその目安です。モール内のワイヤーがこのラインに沿うように曲げていきます。
※グレー線：左半身、黒線：右半身

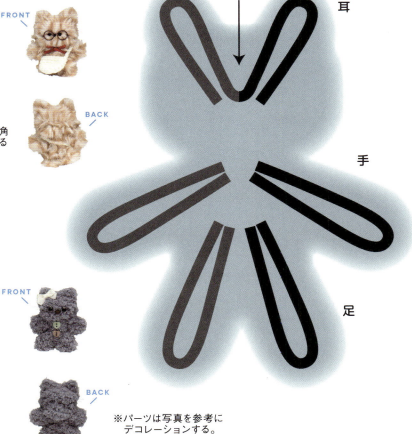

※パーツは写真を参考にデコレーションする。

ユニコーン　[ホワイト][マルチカラー]　P.010

材料

[ホワイト]
ミンクモール　A（ホワイト）……1本、
　　　　　　　B（ユニコーン3）……1本
さし目(4.5mm/黒)……2個
さし鼻(4.5mm/ピンク)……1個
クラフトモール(黄色)……1本

[マルチカラー]
ミンクモール　A（ユニコーン2）……1本、
　　　　　　　B（パープル）……1本
さし目(4.5mm/黒)……2個
さし鼻(4.5mm/ピンク)……1個
クラフトモール(水色)……1本

用具（共通）
● 接着剤　● 目打ち　● ニッパー
● ピンセット　● 定規　● はさみ

作り方（共通）
耳を作る→顔を作る→前足を作る→後ろ足を作る→体としっぽを作る→仕上げ

1

顔を作ります。Aモールを半分に折り、両端をそれぞれ中心から2cmのところで折ります。左右に広げてM字型にし、左右の耳の根元をそれぞれ1周ねじって固定します。

2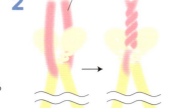

中心にBモールを引っかけて、ゆるめに3周ねじります。

3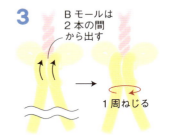

P.27の2・3と同様に2本のAモールを前から耳の間を通して後ろに回し、根元を1周ねじります。

4

3でできた輪の中にモールの両端をそれぞれ通して引き締めます。顔のできあがり。

5

左右のモールを顔の下で束ねて4周ねじります。

6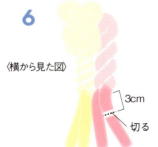

後ろにBモールを沿わせます。Bモールの1本をねじり終わりから3cm残してニッパーで切ります。

7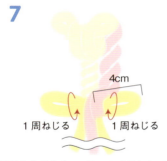

前足を作ります。Bモールを前にしてAモールの2本を左右それぞれ4cmで折り、根元部分をそれぞれ1周ねじって固定します。

8

AモールでBモールを包むように交差させます。

9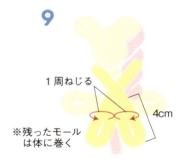

後ろ足を作ります。Aモールを左右それぞれ4cmで折り、端は交差させて、足の根元をそれぞれ1周ねじります。残りは体に巻きます。足のできあがり。

10

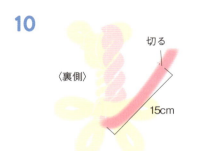

Bモールを15cm残してニッパーで切ります。切り端は丸めます。

11

〈裏側〉

半分に折ります。

12

〈裏側〉

ねじってしっぽの形を整えます。

13

足を曲げ、立体に形を整えます。写真を参考にはさみで体とたてがみのモールをカットし、全体をバランスよく整えます。モールの成形は完了です。

仕上げます。パーツを仮置きして、つけ位置を決めます。パーツをつけたい部分に目打ちで穴を開け、顔パーツ（さし目、さし鼻）に接着剤をつけて差し込みます。クラフトモールは円すい形に曲げ、頭に接着剤でつけます。※パーツは写真を参考にデコレーションする。

モール型見本

※おおよその目安です。モール内のワイヤーがこのラインに沿うように曲げていきます。
※グレー線：左半身、黒線：右半身

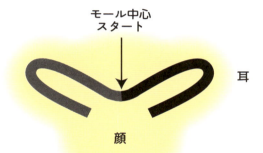

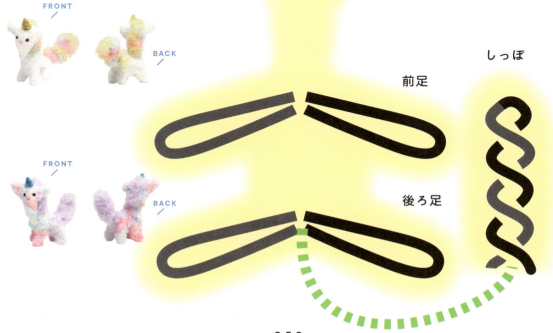

— 053 —

いぬ [ホワイト][グレー] P.013

材料

[ホワイト]
- ミンクモール(ホワイト) …… 1本
- さし目(4.5mm/黒) …… 2個
- さし鼻(9mm/ブラウン) …… 1個
- クリップ(花型/グリーン) …… 1個

[グレー]
- ベーシックモール(グレー) …… 1本
- さし目(4.5mm/黒) …… 2個
- さし鼻(9mm/黒) …… 1個
- リボン(リブルクロス/水色) …… 1個

用具 (共通)
- 接着剤
- 目打ち
- ピンセット
- 定規

作り方 (共通)
P.26～28の写真の作り方解説と同様に作る。※パーツは写真を参考にデコレーションする。

ぞう [パープル][グレー][ペールピンク] P.011

材料

[パープル]
- ミンクモール(パープル) …… 1本
- さし目(4.5mm/黒) …… 2個
- パンツ(ギンガム柄/青) …… 1個
- クリップ(花型/オレンジ、星型/黄色・青) …… 合計3個

[グレー]
- ミンクモール(グレー) …… 1本
- さし目(4.5mm/黒) …… 2個
- パンツ(ドット柄/赤) …… 1個
- めがね(赤) …… 1個
- クリップ(ハート型/オレンジ・ピンク) …… 合計2個

[ペールピンク]
- ミンクモール(ペールピンク) …… 1本
- さし目(4.5mm/黒) …… 2個
- パンツ(ギンガム柄/黒) …… 1個
- バッグ(ピンク) …… 1個
- リボン(リブルクロス/黄色) …… 2個

用具 (共通)
- 接着剤
- 目打ち
- ピンセット
- 定規

作り方 (共通)
耳を作る→鼻・顔を作る→手・足を作る→仕上げ

1

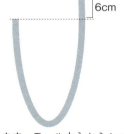

耳を作ります。モール中心から6cmずらしたところで半分に折ります。

2

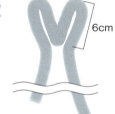

左右のモールをそれぞれ中心から6cmのところで折ります。左右に広げてM字型にします。

3

2で曲げた耳の根元部分を、それぞれ1周ねじって固定します。

4

3でねじった部分のすぐ下で、モールを半周ねじります。

5

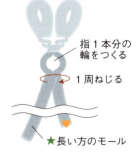

指1本分の輪を作り、モールを1周ねじります。

6

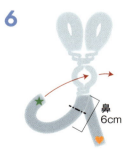

鼻と顔を作ります。長い方のモールを5であけた輪に通し、6cm分を残して折り、鼻にします。

— 054 —

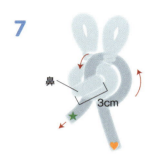

7
★の残りのモールを右耳の後ろから耳の間を通り、鼻が入っている輪の左側へ通します。

8
♥のモールは左耳の後ろへ回し、耳の間を通り、鼻が入っている輪の右側へ通します。顔のできあがり。

9
P.21〜22の 4 〜 10 と同様に耳・手・足と体を作ります。（※手足の長さは3cmに変更します。）

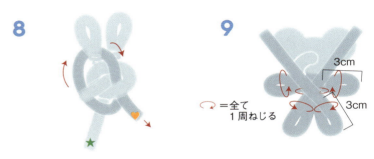

10
耳は丸く輪状に整える

残ったモールは首にぐるぐると巻きつけて全体の形を整えます。モールの成形は完了です。

11
仕上げます。パーツを仮置きして、つけ位置を決めます。パーツをつけたい部分に目打ちで穴をあけ、さし目に接着剤をつけて差し込みます。
パンツをはかせて、接着剤でリボンまたはクリップをつけます。※パーツは写真を参考にデコレーションする。

モール型見本
※おおよその目安です。モール内のワイヤーがこのラインに沿うように曲げていきます。
※グレー線：左半身、黒線：右半身

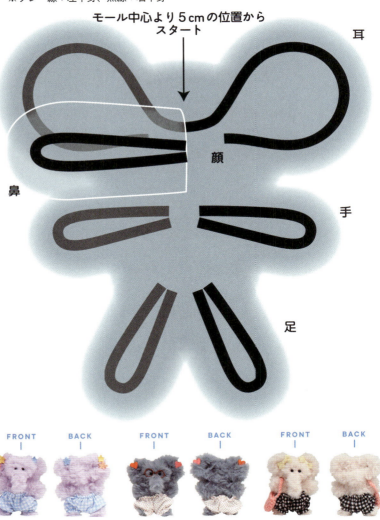

— 055 —

シマエナガ

[子ども] [親] P.014-015

材料

[子ども4種]
ミンクモール(ホワイト) …… 各1本
さし目(4.5mm/黒) …… 各2個
さし鼻(4.5mm/黒) …… 各1個
リボン(ベーシックタイ/ピンク・グレー・緑・紫) …… 各1個

[親]
ミンクモール(ホワイト) …… 1本、
(ブラック) …… 50cm
さし目(4.5mm/黒) …… 2個
さし鼻(9mm/黒) …… 1個

用具 (共通)

● 接着剤　● 目打ち　● ピンセット　● 定規

作り方 (共通)

顔を作る→羽を作る→しっぽを作る→仕上げ
※パーツは写真を参考にデコレーションする。

[子ども4種]

1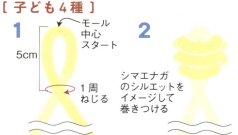
顔を作ります。モールを半分に折り、中心から5cmのところで1周ねじります。

2
1でねじった上の部分に左のモールを3周、右のモールを3周ずつ巻きつけ、後ろで1周ねじって固定します。

3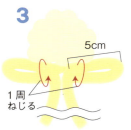
羽を作ります。2本のモールを左右の方向にそれぞれ5cmずつ折り、それぞれ1周ねじって固定します。

4
モールを2本合わせて3cmねじってしっぽを作ります。残ったモールは体の部分に巻きつけます。全体の形を整えてモールの成形は完了です。パーツを接着剤でつけて仕上げます。

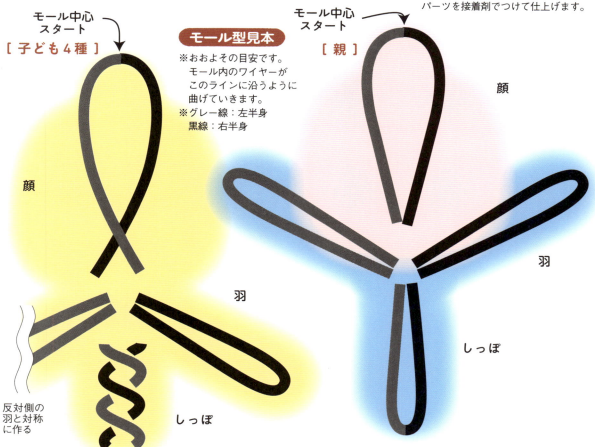

モール型見本

※おおよその目安です。モール内のワイヤーがこのラインに沿うように曲げていきます。
※グレー線：左半身
　黒線：右半身

— 056 —

[親]

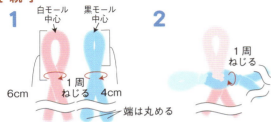

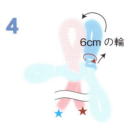

1 顔を作ります。白モールと黒モール（50cm）でそれぞれ輪を作り、1周ねじります。

2 黒モールを2又に分けて1の白モールにかぶせて、白モールの輪の根元で1周ねじります。

3 黒モールの残った片端を6cmの輪にしてねじります。

4 黒のもう一方の端を同様に6cmの輪にねじります。

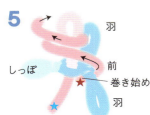

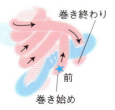

5 白モールの★を2の白モールの輪に時計回りに3周巻きつけます。

6 ★の巻き終わりは左の黒の輪に通して裏で折り込みます。

7 白モール☆を同様に反時計回りに巻き、右の黒の輪に通します。

8 体の形を整えます。各パーツを接着剤でつけます。

ブローチ　[ハート][星]　P.039

HEART

STAR

材料

[ハート2種]
ベーシックモール
（ピンク）/（ユニコーン1）
…… 各1本

[星2種]
ミンクモール（黄色）/
（マルチピンク）
…… 各1本

用具（共通）
● ペンチ
● 定規
● ニッパー

作り方

[ハート] モールを半分にカット→二重の輪にする→8の字にする→形を整える

[星] 星の形を作る→内側に一回り小さい星を作る→モールが終わるまで繰り返す→形を整える

[ハート]

1 モールを半分にカットします。カットした方の端を少し丸めておきます。

2 輪にして端をそれぞれ巻きつけます。輪を二重にして半分の大きさにします。

3 ねじって8の字にします。ハートの形に整えます。

[星]

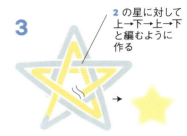

1 一辺10cmで星の形を作ります。

2 スタートのところを本体に巻きつけて固定します。

3 続けて内側に2より一回り小さく星の形を作ります。同様に残りのモールがなくなるまで繰り返し、形を整えます。

2の星に対して上→下→上→下と編むように作る

― 057 ―

ラッコ　[グレー][ブラウン]　P.016

材料

[グレー]
ベーシックモール　A(グレー) …… 1本、
　B(ホワイト) …… 1本
さし目(4mm/黒) …… 2個、
　(鼻用 6mm/黒) …… 1個
バッグ(パープル) …… 1個
ビーズ(魚/黄色) …… 1個

[ブラウン]
ベーシックモール　A(ブラウン)、
　…… 1本、B(ベージュ) …… 1本
さし目(4mm/黒) …… 2個、
　(鼻用 6mm/黒) …… 1個
バッグ(ピンク) …… 1個
ビーズ(魚/青) …… 1個

用具（共通）
● 接着剤　● 目打ち　● ピンセット
● 定規　● ニッパー

作り方（共通）
耳/顔を作る→手を作る→体を作る→
足を作る→しっぽを作る→仕上げ

1

Aモール

耳と顔を作ります。Aモールを半分に折り、中心から2cmのところで1周ねじります。

2

1の輪にモールの両端を差し込み、残りが2cm輪になるまで引き出します。

3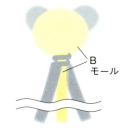

P.36の **4** ～ P.37の **12** と同様に作ります（途中Bモールを加えます）。顔のできあがり。

4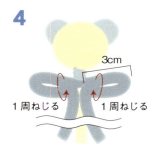

手を作ります。2本のAモールを左右の方向にそれぞれ3cmずつ折り、手の根元部分を、それぞれ1周ねじって固定します。

5

4でねじったすぐ下で、1周ねじります。手のできあがり。

6

Bモールにもう一度Aモールを巻きつけます。ここでBモールは切ります。

7

足を作ります。3cmずつ折り、根元部分をそれぞれ1周ねじります。残りのモールは胸で交差させます。

8

残ったモールを体に沿って後ろ側へ回します。

9

残ったモールを足の間でねじり、しっぽを作ります。

10

全体の形を整えます。モールの成形は完了です。

11

仕上げます。パーツを仮置きして、つけ位置を決めます。パーツをつけたい部分に目打ちで穴を開け、さし目に接着剤をつけて差し込みます(4mmは目、6mmは鼻として使用)。接着剤でバッグにビーズをつけ、ラッコの肩にかけます。※パーツは写真を参考にデコレーションする。

モール型見本

※おおよその目安です。モール内のワイヤーがこのラインに沿うように曲げていきます。
※グレー線：左半身、黒線：右半身

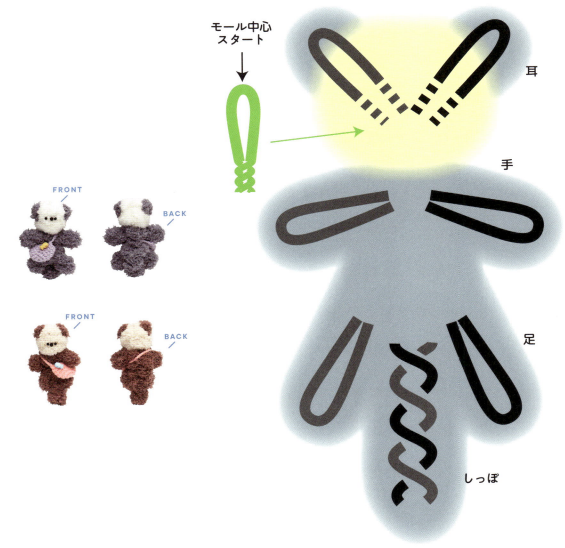

— 059 —

ひよこ

[ホワイト][ピンク]　P.006

材料

[ホワイト]
- カーリーモール(ホワイト) …… 1本
- クリスタルアイ(6mm/ブルー) …… 2個
- くちばし …… 1個
- パンツ(ギンガム柄/黒) …… 1個
- リボン(サテンタイト/薄紫) …… 1個

[ピンク]
- カーリーモール(ピンク) …… 1本
- さし目(4.5mm/黒) …… 2個
- くちばし …… 1個
- パンツ(ドット柄/赤) …… 1個
- リボン(プチドット/赤) …… 1個

用具（共通）
- 接着剤　● 目打ち　● ピンセット
- 定規

作り方（共通）
頭を作る→手・足を作る→顔を作る→仕上げ

1

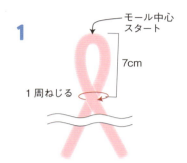

頭を作ります。モールを半分に折り、中心から7cmのところで1周ねじります。

2

手を作ります。1でねじった根元から2本のモールを左右の方向にそれぞれ4cmずつ折り、手の根元部分を、それぞれ1周ねじって固定します。

3

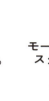

2でねじった部分のすぐ下で、さらにモールを1周ねじります。手のできあがり。

4

足を作ります。左右のモールをそれぞれ5cm折ります。残りのモールは胸で交差させます。

モール型見本

※おおよその目安です。モール内のワイヤーがこのラインに沿うように曲げていきます。
※グレー線：左半身
　黒線：右半身

5

手と同様に、足の根元部分を、それぞれ1周ねじって固定します。足のできあがり。

— 060 —

6

※顔は三角おにぎりのような形に整えましょう。

顔を作ります。交差させたモールを後ろに回し、残りのモールをすべて頭の周りにぐるぐると巻きつけて顔のベースを作ります。

7

※モールの端は後頭部側にくるように調整しますが、どうしても前にきてしまう場合はそちらを後頭部側として使います。

巻きつけた部分がふっくらするように整えます。モールの成形は完了です。

8

仕上げます。パーツを仮置きして、つけ位置を決めます。
先にくちばしを接着剤でつけます。目をつけたい部分に目打ちで穴を開け、接着剤をつけて差し込みます。
かぼちゃパンツをはかせて、接着剤でリボンをつけます。※パーツは写真を参考にデコレーションする。

ゴリラ　P.017

材料
カーリーモール　A（ベージュ）……1本、
　B（ピンク）……2本
動眼(10mm)……2個
動眼(2mm)……2個
リボン（ファンシーチェック／ピンク）……1個

用具
- 接着剤
- 目打ち
- ピンセット
- 定規

作り方
Aモールで耳・顔・前足・後ろ足を作る→Bモールで毛を作る→仕上げ　※パーツは写真を参考にデコレーションする。

1

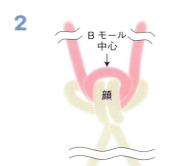

Aモール1本でP.27の 1〜4 と同様に耳と顔を作ります。Bモールを顔の中心の輪の部分に通します。

2

Bモールを中心で1周させます。

3

P.27の 5〜7 と同様に作ります。顔のできあがり。

4

耳を横向きにします。

5

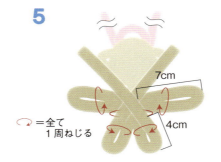

P.22の 5〜10 と同様に腕・足と体を作ります。（※腕の長さは7cm、足の長さは4cmに変更します。）残りのモールは体に巻きつけます。

6

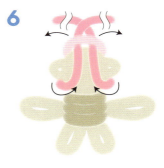

毛を作ります。Bモールの端を耳の後ろから前に回し、頭の上の輪に通して交差します。

7

首元まで下ろして前に回し、交差します。

8 〈裏側〉

裏返して片側のモールを最後まで腕に8の字に巻きます。反対側のモールも同様に8の字に巻きます。

9

もう1本のBモールを巻きつける

もう1本のBモールをバランスを見ながら、腕・足に巻きつけます（おなかは隠さない）。足を曲げ、立体的に全体の形を整えます。モールの成形は完了です。

10

仕上げます。パーツを仮置きして、つけ位置を決めます。、接着剤で動眼、リボンをつけます。※パーツは写真を参考にデコレーションする。

モール型見本

※おおよその目安です。モール内のワイヤーがこのラインに沿うように曲げていきます。
※グレー線：左半身、黒線：右半身

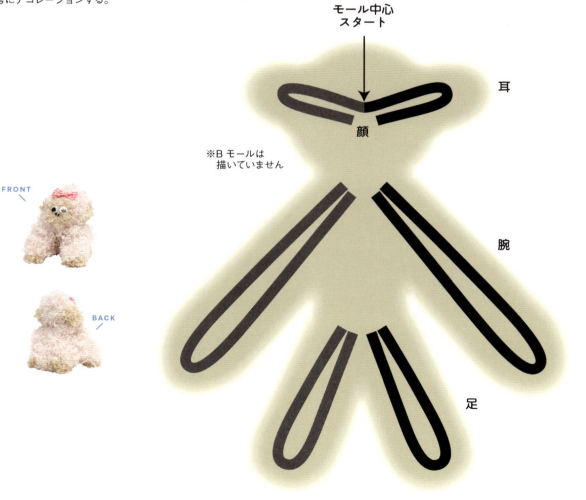

ひつじ　P.017

材料
- ベーシックモールA（クリーム）……1本
- カーリーモールB（ホワイト）……1本
- 動眼(8mm)……2個
- さし鼻(4.5mm/ピンク)……1個
- リボン（サテンタイト/ピンク）……4個

用具
- 接着剤
- ピンセット
- 目打ち
- 定規

作り方
Aモールで耳・顔・前足・後ろ足を作る→Bモールで毛を作る→仕上げ

1
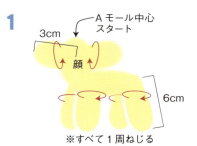

AモールでP.27〜28の工程と同様に体を作ります。（※前足と後ろ足は各6cmで作ります。）しっぽは作らず、残りのモールは体に巻きつけます。耳は下向きにします。

2
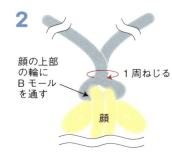

Bモールを顔の上部の輪に通し、中心で1周ねじって固定します。

3

2でねじったBモールを耳の後ろを通り首元で1周ねじります。

4

裏返して、左右のモールを交差させながら3で耳の後ろを通したモールにそれぞれ通し、後頭部の少し下で2本を合わせて1周ねじります。

5

残ったモールは体部分にくるくる巻きつけ、写真を参考に足を曲げ、立体的に形を整えます。各パーツを接着剤でつけて仕上げます。

モール型見本
※おおよその目安です。モール内のワイヤーがこのラインに沿うように曲げていきます。
※グレー線：左半身、黒線：右半身

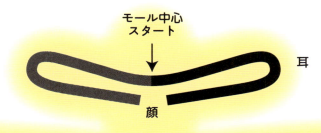

※Bモールは描いていません

※パーツは写真を参考にデコレーションする。

チューコーと読みます！

日本紐釦貿易株式会社

創業100年を超える大阪船場の手芸問屋です。本館は1階〜5階まであらゆる服飾資材・手芸用品を取り扱っており、輸入生地に力を入れた別館Chukoを合わせると8万点以上の商品が揃います。会員登録をすればいつでも卸売価格で商品を購入できます。

〒541-0058
本館：大阪市中央区南久宝寺町1-9-7

日本紐釦貿易 ホームページ

手芸の豆知識コラムが大好評！ぜひチェックを☆

instagramでは新商品や手芸のトレンドを毎日ポストしております！
大阪へお越しの際は実店舗へもお気軽にお立ち寄りくださいね☆

日本紐釦貿易株式会社
instagramアカウント
@chuko_chuko_chuko

チューコー
アクセサリー売場
instagramアカウント
@chuko_beads

日本紐釦貿易のアクセサリー売場スタッフが運営するアカウントです。売場は実店舗の本館1階奥にあり、スタッフ4人でわいわいやっています！取扱商品はビーズ・リボン・アクセサリー資材のほか、モルドールなどバイヤーを兼ねたスタッフが注目したジャンルにとらわれない様々な商品を展開しております！

作り方動画付き
モールでつくるかわいい動物

モルドール

監　修	日本紐釦貿易株式会社
発行者	片桐圭子
発行所	朝日新聞出版
	〒104-8011
	東京都中央区築地5-3-2
	[お問い合わせ]
	info<!--->jtsuyo@asahi.com
印刷所	TOPPANクロレ株式会社

STAFF

デザイン／吉田香織（CAO）
撮影／福本旭
校正／関根志野
編集／宮崎珠美（OfficeForet）
　　　山口裕子（株式会社レシピア）
　　　上原千穂（朝日新聞出版 生活・文化編集部）

©2024 Asahi Shimbun Publications Inc.
Published in Japan by Asahi Shimbun Publications Inc.
ISBN 978-4-02-333420-5

定価はカバーに表示してあります。
落丁・乱丁の場合は弊社業務部(電話03-5540-7800)へご連絡ください。
送料弊社負担にてお取り替えいたします。

本書および本書の付属物を無断で複写、複製(コピー)、引用することは著作権法上での例外を除き禁じられています。また代行業者等の第三者に依頼してスキャンやデジタル化することは、たとえ個人や家庭内の利用であっても一切認められておりません。

お電話での作り方のお問い合わせはご遠慮ください。

まいどおおきに〜